Fabienne JEANNE

# AMOUR, NATURE et LIBERTE

Recueil de poèmes

# Un soir au Mont

Le soleil à l'horizon s'éteint lentement
Le ciel se pare de pourpre
Et le Mont s'illumine de mille scintillements.
La mer, grande marée d'un soir,
La mer arrive, si vite.
Elle vient du nord,
Le prend dans ses bras
Comme pour mieux le protéger.
Tu te retournes
Et déjà les arbres ont les pieds dans l'eau
Les rochers ont disparu
Le sable a été englouti.
Devant, elle caresse doucement
Le bois de la passerelle endormie.
Pas un bruit, juste un murmure
Et les puissants murs de pierre qui chantent
La complainte du flux et du reflux.

## Traversée en hiver

Oh ! Mont majestueux
Si paisible et imposant
Sur ton tapis de sable blanc
Tu as découvert cet hiver
Dame Nature et sa froideur
Phénomène extraordinaire.
La neige a tout recouvert
Tombelaine et son îlot
Et même la mer et ses flots.
En ce matin glacial, j'ai traversé la baie
Tu semblais si lointain, presque inaccessible.
Mes pas dessinaient sur la neige
Immensité de blanc
Pureté de la nature.
Le silence tout autour
Déposait sur mes traces comme une prière
Et même les oiseaux du ciel n'osaient plus te chanter
Pour ne pas déranger ton infinie beauté.
Et puis je t'ai rejoint
En ce petit matin
Tu n'avais pas changé.

Dans les bois ou dans les champs
Comme le souffle du vent
Je respire ton parfum
Au petit matin

Le soleil se lève à peine
Et dans le pourpre du ciel
Je dessine ton visage
Et je t'aime

Les prés sentent bon la rosée
Les fleurs se réveillent doucement
Dans le silence si profond
Un oiseau chante
Il siffle ma chanson
Et je pense à toi

L'oiseau s'est arrêté
Plus près de moi, il vient se poser
Je n'ai plus de chagrin
Il me l'a consolé

Le soleil se lève à peine
Et dans le pourpre du ciel
Je dessine ton visage
Et je t'aime.

Un jour ailleurs, quelque part
Autre chose, une autre vie
D'autres gens, d'autres saisons
Partir loin de tout, loin du monde
Flirter avec l'oubli
Imaginer dans le silence de l'horizon
Ton visage grisé par le souffle du vent
Répondre à ton sourire par une douce caresse
Ta voix berçant mon cœur d'une langueur infinie
Retrouver la passion dans le fond de tes yeux
Et t'aimer sur la mer au plus loin de ma vie

\*\*\*

Un sourire sur ton visage
Et mon cœur s'illumine
Les larmes de ton cœur
S'effacent avec le temps
Et l'amour renaît aux voiles du printemps

## Mon cœur est un oiseau

Mon cœur est un oiseau
Que l'on n'attrape pas
Il aime trop le vent
Les étoiles et les bois.
Dès qu'on veut le rejoindre
Il s'envole et s'en va.
Derrière ces barreaux
Il mourrait solitaire
Il ne survivrait pas.
Mon cœur est un oiseau
Que l'on n'attrape pas.

## Couleur de pluie

Il fait gris
Couleur de pluie
Et la pluie ce matin
A trempé mon chagrin
Et mon chagrin si gris
S'est ancré dans ma vie.
Et le gris de ma vie
C'est le gris de la pluie.
Même les oiseaux ne chantent plus
Même la marée ne revient plus
Les bateaux et les marins ont déserté le port
Et le rivage lointain s'est envoilé de brume.
Le temps s'est arrêté, mais la pluie chante encore
La mélodie du vent sur les immenses dunes
Il fait déjà si gris
Il fait gris sur ma vie
Et c'est un jour de pluie.

## Printemps

C'est le matin, le jour se lève à peine
Et doucement la vie se réveille
On entend déjà dans les bois
Les oiseaux chanter.
Ils chantent le soleil
Et la joie d'exister.
Les bourgeons de mars
Respirent le bonheur
D'être bientôt en fleurs
L'herbe dans les prés
Encore fraîche de rosée
S'enverdit de verdure
Pour offrir à la nature
Son manteau de douceur.

## Hiver

Sur le village encore endormi
La neige est tombée cette nuit
Tout est blanc
Un blanc si pur
Aucun pas, aucune trace,
Des milliers de cristaux reflètent sous la lune.
Au fond des bois, un manteau de velours
A recouvert les branches
Et les arbres plient sous leur poids.
C'est le silence
Le silence de l'hiver
L'hiver profond et rigoureux
Qui enveloppe de ses flocons
Toute vie en ces lieux.

Sans un mot, dans le silence de la nuit
Je restais là…
À penser à toi…
Je voyais ton visage illuminer le ciel
Ta voix semblait venir d'un étrange lointain
Tu noyais tes cheveux aux couleurs du soleil.

\*\*\*

Le sable et la mer
L'enfant et la terre
Et l'amour
Des yeux qui pleurent
Une simple caresse
Et la tendresse.
Au fond de mon cœur
Un peu de bonheur
Et rien que toi
Et c'est comme ça que je t'aime.

Je voudrais être la pluie
Pour couler sur ton visage
Le vent
Pour caresser tes cheveux
Le soleil
Pour luire sur ton corps
Une fleur
Pour égailler ton cœur
La nuit
Pour veiller ton sommeil
Et enfin tes yeux
Pour lire tes pensées.

\*\*\*

Si tu voyais ce chamois
Il est déjà tout près du ciel
Là où l'argent n'existe pas
Et où les véritables pièces d'or
Sont les étoiles qui scintillent.

## Solitude

Le monde est gris
Tu es parti
Le ciel est gris
Et je m'ennuie
Et lentement
J'entends le vent
Souffler sur ma vie.

*** 

Je suis partie vers le vent
Je me suis enfuie vers l'océan
À la rencontre de la nuit.

***

Entre la terre et l'océan, il y a toi
Entre le sable et les vagues, tu es là
Et je suis dans tes bras.

## Je sais pourquoi

Je sais pourquoi tes cheveux bruns
Ressemblent aux montagnes en automne
Je sais pourquoi tes yeux
Brillent à la lumière du jour
Pourquoi ton cœur en mon cœur résonne
Comme le simple murmure de l'amour.
Quand ton visage s'endort et que tu me souris
Quand tes bras me serrent, m'enveloppant de douceur
Quand tu me regardes et que je sens ta vie
Couler en moi en merveilleux bonheur.
Je sais pourquoi quand le soleil se lève
Ton corps encore plein de tendresse
Se pose contre mes rêves
Et m'enivre de caresses.
Je sais pourquoi le vent souffle sur ton visage
Quand le ciel s'éteint doucement
Et que le soleil finissant son voyage
Se cache à jamais dans l'espace du temps.
Je sais pourquoi un jour
J'ai décidé de vivre
Et que notre rencontre un matin de septembre
Est devenue une balade libre
Afin de terminer nos jours ensemble.

Je sais pourquoi le temps nous a réunis
Pourquoi les fleurs sont plus belles que jamais
Pourquoi mon bonheur s'étend à l'infini
Je sais pourquoi tu existes
Je sais pourquoi tu es là
Simplement parce que je t'aime.

# Images

Des pétales dégringolent sur mon cœur qui s'éteint
Et des pierres noires fondent au rythme du destin
Des volcans pleins de rires éclatent dans mon corps
Des murmures retentissent et de plus en plus fort.
De longs coloris s'étalent tous grisés de lumière
Les couleurs des nuages dispersent mon tourment
Et mon amour explose comme au bord d'un cratère.
Envie de rêve, d'ombre et de chuchotement,
La cascade brûlante se glisse entre mes mains
Comme le fait le soleil au creux d'un long matin.
La nuit berce des mots insoumis et lointains
Et l'aube les balance, grisée par le vent.
La mer donne à mes yeux
L'envie de tout aimer
Et la falaise grandit au bord de l'infini
Le néant me délivre du monde réalité
La pluie aspire en moi le tout dernier des cris
Et me laisse seule ici avec un seul mot :
Vie.

Je vois la mer en bleu
Reflet de coquillages
Au fil de mes voyages
Je vois le ciel en gris
Reflet de mes soucis
Au fil de ma vie
Mais je marche sur la plage
Et je me souviens.

\*\*\*

Une larme d'or glisse dans un glacier fumant
Un cristal de glace danse au bord du volcan
Le vide de la nuit s'étend comme un grand voile
L'aube rougie arbore une traînée d'étoiles
L'oiseau a disparu, il ne chantera pas
Puisqu'en ce jour il vit pour la dernière fois.

## Dans ma tête

Et le vent souffle encore au creux de mon esprit
Comme il souffle en colère un grand jour de tempête
Éclairant mes songes d'un regard infini
Qui disparaît lointain tout au fond de ma tête

Et il m'emporte au fil de son souffle éternel
Au plus profond de moi pour penser à la vie
Et suivre des chemins traversant l'irréel
Qui m'emporteront aux sources de l'oubli

Et je m'imaginerai tout au long du temps
Des choses impossibles et pourtant merveilleuses
Que je vivrai pendant un simple et court instant
Éloignée de la vie si cruelle et trompeuse.

Et je m'endormirai un matin de printemps
Le cœur vide et léger mais rempli de croyances
Je n'aurai dans la tête que le souffle du vent
Qui viendra envoler mes folles espérances

## Cœur blessé

Sur un pétale, délicatement posé
J'ai découvert un cœur
Un cœur abandonné
Un cœur blessé
Et sa blessure était si profonde
Qu'aucun pansement
N'aurait pu la soigner
Et sa blessure était si grave
Que plus rien
N'aurait pu la soulager
Plus d'espoir
Plus d'espoir pour le petit cœur sur le pétale
Plus de soleil, plus d'étoiles
Le petit cœur est resté trop longtemps abandonné
Trop longtemps blessé
Il était trop lourd, trop chargé pour le pétale
Alors… la fleur s'est fanée.

## Autre chose

J'ai besoin d'autre chose de temps en temps
De me réfugier auprès du vent
De voir le soleil se coucher sur la mer
Et mourir au bout de l'horizon amer
Je veux vivre au seul rythme du temps
Pour respirer l'odeur du printemps
Et m'endormir au crépuscule de l'été
Bercée par les caresses d'un soleil effacé.
Je veux vivre un seul jour
Sous le ciel argenté
Regarder les étoiles dans le temps disparaître
Et mourir une nuit pour au matin renaître.
Je veux oublier ma vie dans un monde merveilleux
Parcourir inlassablement les chemins de la terre
Goûter tous les trésors que m'offre l'univers
Me perdre dans la nuit pour écouter le vent.
Je veux voir une vague se jeter sur mon corps
Respirer le parfum d'une goutte de pluie
Me coucher sur le sol pour m'endormir encore
Et mourir à jamais dans la solitude de ma vie.

Comme un mirage d'or apparu dans le ciel
Comme un oiseau étrange dans le temps déposé
Comme une algue bleuie au fil des marées
Comme un ange, une fleur ou un rayon de miel
Une caresse douce brûlée par le soleil
Une ombre de silence aux ailes mordorées
Une vague de rêve perdue dans l'irréel
Qu'arrive-t-il à ceux qui n'ouvrent pas les yeux ?
Quel est donc ce hasard qui pour une journée
A fait de ma vie une illusion fanée.

***

Au fond de cette nuit
Je voyais ton visage
Que le vent infini
Reflétait sur les vagues
La mer calme et tranquille
Me berçait de son souffle
Emportant ton image
Tout au bout de sa course

## Les étoiles du temps

Dans un parfum de nuit
Enivré de lumière
Une goutte de pluie
S'écrasait sur la terre

Lente, calme et brumeuse
Elle fondait au néant
Dans la fumée neigeuse
Des étoiles du temps

Ton visage insouciant
Divaguait comme un ange
Donnant comme un étang
Des reflets d'or étranges

Tes cheveux tels un voile
S'évaporaient au ciel
Fusant comme la houle
D'océans démentiels

Tu renversais la terre
Au rythme de l'oubli
Écrasant l'atmosphère
D'un seul souffle de vie.

O
Toi
Nature
Je t'aime
Fleurs d'automne
Oiseaux solitaires
La mer – le vent – le soleil
C'est pour toi que je vis
C'est pour toi seul que mon cœur bat.

\*\*\*

Je voudrais comme la rose
Pouvoir naître avec le jour
Et mourir à peine éclose
Mourir d'un chagrin d'amour

\*\*\*

Écoute le vent qui vient de naître
Qui vient souffler à tes côtés
Et regarde la mer disparaître
Au plus profond de l'éternité.

## Le soleil de l'été

Le soleil de l'été
A percé dans mon cœur
Et m'a donné l'envie
De m'en aller ailleurs

Marcher sous les étoiles
Sans s'occuper du temps
Et soulever le voile
De la vie du printemps

Je marche dans l'automne
Et les oiseaux me parlent
J'écoute la nuit qui sonne
Qui meurt et qui s'étale

Les fleurs s'éveillent avec la rosée
J'apprends jour après jour
À connaitre leurs noms
Je marche au hasard
Au-devant des illusions

Je veux continuer
Toujours à espérer
Apprendre et méditer
Cueillir et ramasser
Savoir et inventer

Le soleil de l'été
A percé dans mon cœur
Et m'a donné l'envie
De m'en aller ailleurs.

**Elle**

Elle marche dans les chemins
Au hasard de son destin
Elle ne vit que du ciel
Et de m'éclat vermeil
Des choses de la vie.
Quand il pleut parfois
Elle s'endort dans le bois
Quand le matin de printemps
Pose ses doigts gelés
Sur son corps engourdi
Les bourgeons s'étirent
Et pour la saluer
Déposent leur saphir
Sur son visage de fée.
La mousse caresse doucement
Ses pieds meurtris par l'orage
Un jour elle s'endormira
Pour une dernière fois
Son corps couché sur la plage
Disparaîtra comme un naufrage.

# Va dire

Va dire à ma chère île, là-bas, tout là-bas
Près de cet obscur marais dans la lande
Que je reviendrai vers elle ce soir, qu'elle attende,
Qu'au lever de la lune elle entendra mon pas.

Car les marais sont embués de légendes
Comme le ciel que l'on découvre dans ses yeux
Quand ils boivent la lune sur la lande
Où les vents tristes dévalent des hauts lieux.

Dis-lui que j'ai passé des aubes merveilleuses
À guetter les oiseaux qui revenaient du nord
Si près d'elle, étendue à mes pieds et frileuse
Comme une petite sauvagine qui s'endort.

Annonce-moi comme un prophète, comme un prince
Comme le fils d'un roi d'au-delà des mers
Dis-lui que les parfums inondent mes provinces
Et que les hauts pays ne souffrent pas l'hiver.

## Comme cet enfant

Comme un enfant
Elle voudrait écouter les rivières
Courir infiniment
Traverser les frontières
Se jeter sur le sable
S'endormir sous le vent
Qui berce son visage
Des étoiles du temps.
Elle voudrait lui sourire
Lui dire ces quelques mots
Effacer les souvenirs
Pour l'aimer à nouveau.
Une larme s'étale
Sur son corps endormi.
Les falaises s'éclatent
Le vent pleure dans la nuit

Comme cet enfant
Perdu parmi les ombres
Qui regarde le néant
S'effacer dans les songes.
Elle caresse son image
D'une infinie tendresse
Et la mer de ses vagues
Vient saler sa tristesse.
Tout comme cet enfant

Elle voudrait recueillir
Les perles d'un printemps
Parfum de souvenirs
Sourire de son visage
Amour de ses yeux clairs
Rayonnant d'éphémère.
L'enfant court sur la plage
Seul à n'en plus finir
Éclaboussé des vagues
Qui semblent lui sourire.
Mais dans la nuit profonde
L'enfant s'est endormi
Et seul dans la pénombre
A terminé sa vie.
La mer repose sur lui
Tranquille et solitaire
Fabuleux paradis
D'un gouffre sans frontière.
La mer gronde maintenant
Car l'enfant est parti
Pour son dernier voyage
La mer passionnément
L'emporte dans ses vagues.

### Pleurer sous la pluie

Si elle voulait pleurer
Bien loin de ses yeux
Elle irait se cacher
Car elle ne veut pas montrer
Le chagrin de sa vie
Elle irait pleurer sous la pluie.

Pour laisser ses larmes couler
Elle attendrait les orages
Et la pluie pour pleurer
Elle l'aime encore
Mais il doit ignorer
Le chagrin de sa vie
Elle ira pleurer sous la pluie.

La pluie sur son visage
N'effacera jamais
Son souvenir
Il ne saura jamais
Combien elle l'aimait
Combien malgré lui
Il l'a fait souffrir.

Un jour elle partira
Sous le ciel de mai
En attendant ce jour
Elle va pleurer sous la pluie.

**Je meurs**

Je meurs d'une petite fièvre
Avec un prénom sur les lèvres
Et quelques souvenirs heureux
Quelque part au fond des yeux.

Alors moi, je ris doucement
Comme on rit aux enterrements
En me disant qu'au fond, mourir
C'est ne plus s'arrêter de rire.

Je m'en vais comme je suis venue
Un peu plus calme, un peu moins nue
Je pars en voyage vers la terre
À la découverte d'un mystère.

Je meurs d'une petite fièvre
Avec un prénom sur les lèvres
Et quelques souvenirs heureux
Quelque part au fond des yeux.

## La flamme

La flamme la fixait
Impassible et bleutée
Et elle la regardait
Malgré sa volonté
Durant cette nuit-là
Où lui seul, lui manquait
Elle se confiait à elle
Et puis le temps passait.
La flamme l'éblouit
Mais elle la fixe encore
Et toujours elle la suit
Recréant son décor.
Quand elle ferme les yeux
Pour provoquer les dieux
La flamme sans un effort
Sent bien qu'elle s'endort
Brûlant le fond de sa mémoire
Elle fait un grand trou noir.
Qu'importe cette nuit
Elle est esclave de sa clarté
Et de sa luminosité
Elle dirige sa vie
Elle attend le hasard
Qui ferme ses paupières
D'un air puissant et fier

Elle provoque son regard.
D'un souffle elle peut la briser
Mais elle va s'endormir
Dans le dernier sourire
Qui la laissera vivre
Jusqu'au petit matin.

## En écoutant le vent

Quand elle écoute le vent
Dans l'infini du temps
Elle voit son cœur blessé
Par un soleil fané.
Elle entend des pleurs lointains
Mirage des lendemains
Quand elle l'entend dans chaque vague
Quand elle le voit dans chaque larme
Elle court sur le sable
Éperdument

Quand elle voit la nuit
Effacer le jour
Où se mêlent les cris
De son seul amour
Elle sent la mer caresser son visage

Ses cheveux perdus par un trop long voyage
Viennent frôler sa tête allongée sur la plage
Et elle s'endort bercée
Par le seul bruit du vent.

Quand elle sent le silence
Descendre sur sa vie
Incroyable souffrance

De ces heures infinies
Dans la nuit qui emporte son image
Elle regarde le ciel s'étendre sur les vagues
Sous la pluie qui ruisselle son visage
Elle rêve à son regard
Aux sources du néant.

## Mourir en mer

Mourir
Dans le vent de la nuit
Mourir
Pour une heure infinie
Passée entre ses bras
Mourir
Dans le creux d'une vague
Emportée par ma mer
Mourir
D'un impossible voyage
De mon rêve éphémère
Ma vie est une image
Où reflète un visage
Que le vent vient souffler
Pour au loin l'effacer.

Mourir
Dans le soir de ma vie
Immortellement vide
Mourir
Caressée par la pluie
Qui vient mouiller la plage
Et fondre dans ma vie
Comme un profond mirage

Mourir
Entre tes bras
Mer de mes rêves passionnés
Incroyable combat
Tant de jours en danger
Mourir
Dans une vague élancée par le vent
Sur la coque fragile du bateau de mes songes
Mourir
Et porter mon chagrin dans l'écume profonde
Au creux d'une larme oubliée par le temps.

Mourir
Et m'endormir pour oublier
Pour un regard abandonné
Pour un sourire délaissé
Mourir
Pour que j'appartienne
Au creux de sa beauté
Mourir
Pour que l'éternité
Immortalise mon rêve
Qu'une vague cruelle
Vienne inonder mon âme.

## Aimer

Aimer
Aimer le vent, aimer la mer
Aimer
Pour quoi faire ?
Pour respirer la vie
Pour sentir la pluie arroser mon chagrin
Aimer pour les autres, pour chercher un chemin
Aimer passionnément les jours et les saisons
Aimer pour une fille, aimer pour un garçon
Pour mourir à l'aurore d'un manque de tendresse.

Aimer chaque matin sans attendre l'amour
Aimer sans recevoir quelques mots de toujours
Rester infiniment dans sa propre tristesse
Ou partager sa vie aux lumières d'un ami.
Aimer c'est difficile quand personne ne vous écoute
Quand la solitude vient frapper comme le pire ennemi
Sur mon corps fatigué par une trop longue route.
Quand mon cœur fragile a fini d'exister
Qu'il ne lui reste plus que la force d'aimer
Sa seule consolation est de vouloir mourir
Se jeter dans le vide et vouloir en finir.

Pourquoi faut-il aimer quand on a le cœur triste
Quand l'amour vivant est devenu sinistre

Pourquoi faut-il donc vivre
Tant de questions se fondent dans l'abime
Quand soudain la nuit m'envahit de son voile
Je me sentis seule à ne penser à rien
Quand le vent vint alors caresser les étoiles
Je sentis sur ma peau des perles de satin
Que la pluie déversait en pastel de larmes.

## Odeur de la mer

Ne sens-tu pas l'odeur de la mer et du sable
Le vent salé qui court dans nos cheveux
Les embruns qui nous piquent la peau
La mer qui frappe les rochers
Le vent apporte des sapins un parfum enivrant
Et tu perds la tête dans le flot des senteurs.

Les derniers voiliers qui ont fleuri la mer
l'abandonnent
Le soleil ne nous a pas encore quittés
Respire une dernière fois
Le parfum des vagues écumantes
La mer se retire laissant sur son passage
Des milliers d'algues odorantes
Viens, la nuit qui tombe va être froide
Regarde ces nuages noirs qui s'amoncellent à l'infini
Il est temps de partir…
La mer l'a déjà fait…

## Un nouvel ami

Un nouvel ami
Ça vient comme un intrus
Un beau matin
Vous ne savez pas
Qu'il y a du soleil
Que votre vie va changer.
Un nouvel ami
Ça crève vos habitudes
Un nouvel ami
C'est la vie qui renaît
Avec toutes ses promesses
Un nouvel ami
On est sûr d'exister
Pour quelque chose
Pour quelqu'un
Et on rit
Et on chante
Sans raison
Parce qu'il est là
Que le vent souffle à nouveau.

## Légende

Un corps gît sur le sable balayé par le vent
Des ombres de soleil s'étendent doucement
On entend depuis l'aube sur l'horizon amer
Des cris et des complaintes plus longues que le temps.
Un enfant pleure, les yeux pleins de sommeil
Il serre contre son cœur une tête endormie.
Un petit ange blond là-bas qui se promène
Entend siffler le vent jusqu'au bout de la nuit.
Il s'arrête un instant troublé par le silence
Il aperçoit l'enfant les mains dans ses cheveux
Fatigué par le temps que prennent ses caresses
Qui regarde éperdu ce visage fabuleux.
La mer joue dangereuse au hasard des vagues
Le sable froid et gris fait frissonner la lune.
L'ange donne à l'enfant une fleur comme une algue
Et regarde sans bruit avec des yeux de brume
La petite fille d'un rêve qui ne chantera plus.
Les étoiles filantes ont habillé la nuit
Les falaises sont déjà toutes de noir vêtues
Et la sirène danse au rythme des marées.
Il y avait des chevaux, des arbres et puis la terre
Il y avait l'amour et un prince charmant
Et l'enfant continuait de raconter l'histoire
Celle qu'elle racontait toujours en s'endormant

Je n'ai pas peur, tu sais, car je sais qu'on m'attend
Et l'ange l'écoutait au fil des nuits, au fil des jours
Et le corps reposait sans vie et sans amour.
Dans la terre s'ouvrit une cavité profonde
Elle prit avec soin dans sa longue robe blanche
La petite à jamais noyée dans la pénombre
Et l'enfant en silence fut entraîné par l'ange.

## Qu'importe

Qu'importe si le temps fuit
Sans jamais m'attirer
Qu'importe si la nuit
Je ne sais que rêver
Qu'importe que j'aime
Si c'est pour oublier
Qu'importe que j'attende
Qu'on veuille bien m'aider
Je suis faite pour vivre
Du soleil et du vent
Je suis faite pour dormir
Sur les bords d'un étang.
Je suis faite pour chanter
Quand l'orage attend
Pour éclairer l'été
Quand son parfum s'étend
Et que toutes les fleurs
Dans l'immense prairie
Fabriquent du bonheur
Et un peu de ma vie.
Je suis faite pour boire
Au milieu des torrents
Pour nager dans le soir
À l'ombre sous le vent.

Qu'importe si la mer
Se retourne en son être
Qu'importe si la nuit
Les falaises s'éclatent
Que les volcans s'envolent
Que la montagne gueule
Je suis ce que je suis
Laissez-moi dans mes ombres
Les ombres de ma vie

Je suis là pour rire
Pour aimer, pour crier
Quand la marée rejoint
Des princes inventés
Qu'elle s'évanouit très loin
Au fin fond de l'été
Je me retrouve enfin
Sans que rien ne devine
Éparpillant mon corps
Sur des fleuves de glace
Accordant mon amour
À l'ombre de mes traces.

# Rêve

Je voyais le matin éclairer l'horizon
Je voyais la forêt pleurer au fond de l'ombre
Et je voyais la nuit mourir à sa façon
Jetant au bord du ciel son fardeau lourd et sombre.

J'entendais l'eau s'abattre sur l'herbe du printemps
J'entendais les oiseaux jouer avec le vent
J'entendais les couleurs se mêler aux nuages
Et j'entendais la mer partir pour son voyage.

Je prenais ma vie pour affronter la mort
Je prenais mon cœur pour découvrir la vie
Je prenais ma main pour parcourir le monde
Et je te prenais pour te perdre dans mes rêves.

## Oubli

Le jour fuyait à peine au bord de l'horizon
La nuit glissait sans bruit, bercée par l'illusion
Se croisant au néant, ils fusionnaient la terre
L'un emportait le temps, l'autre amenait l'oubli
C'est à ce moment-là que je l'ai laissé faire
Ce destin innocent qui fit fondre ma vie.

## Tout peut arriver

La terre peut se fendre sous la proie des volcans
L'étoile peut s'éteindre mourante au fond du ciel
Le ciel peut s'effondrer au bon vouloir du vent
La mer peut ravager les monts et les merveilles
Je resterai toujours cachée là à t'attendre.

Le soleil peut mourir dans l'espace infini
L'horizon peut chanter, crier, se renverser
La flamme peut se perdre au milieu du brasier
La larme peut disparaître dans un coin de ta vie
Je t'aimerai toujours sans que rien m'y oblige.

## Le brouillard

Le brouillard a tout mis
Dans son sac de coton
Les horreurs de la vie
La beauté des saisons.
Tel une fée vêtue
D'un voile impénétrable
Le brouillard a reçu
Un pouvoir imprenable
Parmi cet air
Tout site familier
Semble un lieu inconnu
Tel dans un paradis
Tout est mélancolie
Parmi ces étendues.

## La fleur

Si un jour au passage
Tu rencontres une fleur
Laisse parler son image
Jusqu'au bout de ton cœur.
Arrête alors ta route
Le vent dans tes cheveux
Et pour que tu l'écoutes
Tu fermeras les yeux.
Et tu t'endormiras
Sous le soleil ardent.
La fleur te parlera
De ses plus beaux serments
Recouverte de brume
Sous un voile argenté
Un paradis de lune
Effacera ton passé.
Tu rêveras de moi
À l'ombre des temps
Les champs feront pour toi
Des colliers de diamants.
La caresse d'une vie
Ira perdre ton corps
Jusque dans l'infini
Où la nuit brûle encore.
Et quand tu auras vu
Le vent qui s'émerveille
Des mondes inconnus

Où les oiseaux s'éveillent
Où les jardins en fleurs
Te couvrent de bonheur
Où la vie est encore
Amoureuse des fleurs.
Si tu vois cette fleur
Triste et abandonnée
Offre-lui ta douceur
Comme elle te l'a donnée.
Mais ne la cueille pas
Car elle est trop fragile
Elle te racontera
Sans que tu le devines
La voix de ses sourires
La paix de son amour.
Son plus beau souvenir
Tu garderas toujours.
Elle te chantera
Les espoirs de la vie
Son chagrin ou sa joie
Son plus beau paradis.
Si un jour dans la vie
Tu rencontres une fleur
Avant de la cueillir
Essaie de réfléchir
C'est peut-être ton cœur
Qu'elle veut protéger
Des orages de l'été
Des gens du monde entier.

# Liberté

Dans un coin sombre de ma vie
Irréalité que je préserve
Telle une symphonie
Qui tente d'échapper à mes rêves
Rose de mes trésors
La pluie a effacé ton parfum
Larmes éternelles et cruelles
Qui posent sur moi leur destin
Tu vas flétrir à l'aube de l'hiver
Pour t'endormir de très longues saisons
Tu vas mourir dans la rivière
Du chagrin de ma prison
Liberté que je rêve
Ne t'envole pas pour toujours
Mais reste dans mes « je t'aime »
Le seul but de mon amour.

# Loin

Mon chemin va loin
Loin, très loin dans le lointain
Si loin que va mon chemin au loin
Il disparaîtra dans le lointain
Va, chemin, avance plus loin
Le lointain n'est plus très loin

## Réflexions sur ma vie

Je sais que ce soleil qui renaît chaque jour
Est fait pour éclater les bords de l'univers
Je sais que cet oiseau qui survole la terre
N'a aucun autre instinct que d'inspirer l'amour.

Mais pourquoi aussi loin que l'on puisse regarder
Y a-t-il toujours un barrage dressé
Mais quelle est cette voix qui en moi vient crier
Qui me déchire, me brûle et m'empêche d'aimer.

Je ne veux rien savoir de ce qui s'est passé
Je ne veux rien connaître du temps et de ses formes
Je ne veux que sourire au rythme des marées
Écouter la vie qui passe sans connaître ses normes.

Ce paysage perdu que je visite en rêve
Cette terre d'amour, ce jardin de l'envie
Que devient-il au fur et à mesure des vies
Et quel est ce courant qui m'emporte sans trêve.

Écoute petit bonhomme qui va naître aujourd'hui
Je te jure qu'on ne fera jamais de ton âme
Cette machine folle qui court et qui s'enflamme
Ou cette arme infernale qui tue et qui détruit.

Je n'oublierai jamais ce siècle où je suis née
Où chacun a sa nuit et où chacun y pleure
Je n'oublierai jamais ces chaînes toujours dorées
Où l'on connaît l'ennui, la mort ou bien la peur.

Je ne survivrai pas à ce rythme infernal
Ou bien je vais mourir pour une éternité
Ou bien je vais m'enfuir pour un ciel idéal
Finissant mon voyage comme se finit l'été.

# Elle et lui

Et sa main dans sa main tous deux noyés de brume
Ils écoutaient la vie sous ce beau clair de lune
Elle avait cueilli des immortelles fleurs
Qui recouvraient son corps de perles de bonheur.
Le ciel les protégeait pour un soir, pour toujours
Et la vie parfumait leur rêve d'amour
Reflétant sous son voile des colliers de tendresse
Écumant au hasard la fraîcheur des caresses
Qui brûlaient sur son cœur au fil de la nuit
Et plongeaient leurs deux corps jusque dans l'infini.

Et puis je l'ai aimé
Sans trop savoir pourquoi
Je l'ai aimé toujours
Durant de longues années
D'interminables jours.
J'ai voulu l'oublier
Pour l'oublier toujours.
J'ai enfumé ma vie
Dans un brouillard épais
Je me suis efforcée
De cacher son regard
Je me suis laissé prendre
Par l'illusion d'un soir
Pour mourir emportée
Par les caresses du vent
Sur mon visage fané
Perdu dans les années
Des voiles du printemps.

**Illusion**

Comme un mirage d'or apparu dans le ciel
Comme un oiseau étrange dans le temps déposé
Comme une algue bleuie au fil des marées
Comme un ange, une fleur ou un rayon de miel
Un caresse douce brûlée par le soleil
Une ombre de silence aux ailes mordorées
Une vague de rêves perdue dans l'irréel
Un cheveu qui se perd au fil de l'été
Qu'arrive-t-il à ceux qui n'ouvrent pas les yeux
Que m'arriverait-il si tu n'étais pas né
Quel est donc ce hasard qui pour une journée
A fait de nos deux vies une illusion fanée.

La mer, le sable
Le vent sur mon visage
L'écume se brisant sur les rochers fidèles
La simplicité d'avoir un cœur qui bat
Du goût pour le soleil, la nature, le risque
Et cette façon de ne pas toujours comprendre
Pourquoi la vie nous a choisis
Pourquoi ce monde qui n'en finit jamais
Qui chaque jour étale ses vagues
Où le temps règle les marées
À cette façon si claire d'être obscur
Si on essaie de répondre, de comprendre
Et le simple jour où se mêle l'amitié
Une amitié puissante comme la mer.

## La fleur et l'enfant

Regarde cette fleur
Petit enfant de demain
Quand tu auras grandi
La fleur aura vieilli.

Respire son parfum
Petit enfant de toujours
Il embaume ta vie
Elle t'offre son amour.

Garde cette fleur
Petit enfant si fragile
Elle embellit ton cœur
Donne-lui ton bonheur.

Protège cette fleur
Petite enfant d'un rêve
Quand tu lui souris
Son cœur s'ouvre pour toi.

Souviens-toi de cette fleur
Petite enfant de la nuit
Quand tu t'endormiras
Elle veillera sur toi.

Et rêve à cette fleur
Petit enfant d'hier
Puisque tu as vieilli
La fleur n'a plus grandi.

Et la fleur s'est fanée
Petit enfant lointain
D'avoir manqué d'amour
En un autre matin.

## Une plage vide

Une plage
Vide
Qui n'en finit plus de dormir…
Pas même un souffle de vent
Pour caresser les vagues.
L'espace
Le temps
Rien n'existe plus
Seule la plage
En silence
Suit la trace des deux amants
Déjà presqu'effacée
Par la marée
Par le temps
Sur le sable humide
D'une plage vide.
La mer semble vouloir
Retenir leurs pas
Mais ils disparaissent
Comme leurs voix
Dans le lointain du temps
Dans l'espace
Sur une plage
Vide
Où les amants ne s'aimeront plus
Leurs corps sont tombés dans l'abîme

Le ciel a brûlé leur amour
La pluie a fané leurs beaux jours
Les vagues ont cogné les rochers
Plus rien n'existe
Que le bruit des marées
Qui vient cogner
Sur les rochers.
Une plage
Vide
Qui n'en finit plus de mourir
Pas même le vol d'un oiseau
Pour réveiller son âme
Rien que le sable
Pour écouter la mer.
La mer
Qui n'en finit pas de gémir
Et qui vient mourir
En silence
Sur une plage.
Sur une plage
Vide…

## Que vos cœurs sont durs

Que les gens sont méchants
Dans cette ville immonde
D'une vie trop absurde
Que vienne un jour le vent
Emporter sur les ondes
Ma grande solitude.
Et comme un beau prélude
Je prendrai enfin la mer
J'irai jeter au loin
Les blessures de ma vie
Renaissant au matin
D'une nuit infinie.

Que les regards sont tristes
Ici sur cette terre
Mais quelle est cette galère
Où je me suis embarquée
Pourquoi faut-il toujours des cris
Qui déchirent le cœur
Quand d'un simple sourire
Peut naître le bonheur.

Que les gens sont compliqués
Avec leurs idées idylliques

Ils ne savent plus rêver
Ce sont des mécaniques
Qu'on a construit un jour
Quand on ne savait plus quoi faire de ses mains

Pauvres de nous
Qui ne connaissons plus l'amour
Arrêtez-vous ce soir
Ouvrez un peu les yeux
Regardez ce qu'il reste
Du seul coin de ciel bleu.

Que le monde est infâme
Que les gens sont cruels
Plus rien pour faire rêver
Plus rien pour oublier
L'injustice de vos âmes
Vous avez tout gâché !

Que votre cœur est dur
Insensible aux passions
Ne pouvez-vous donc pas
Tuer toutes vos raisons.

Que je voudrais partir loin de tous ces rivages
Et courir dans la nuit d'une plage sans nom
Jeter dans la mer vos trop sombres visages
Et m'enfuir à jamais loin de tout horizon.

# Une chambre vide

Une chambre vide
Un faible soleil
Qui plane et chavire
Quelque fois
Des nuages gris
Qui volent trop haut
Ou qui sait trop bas
Pour que je les vois.

Une chambre vide
Et moins de sommeil
Pour se souvenir
Qu'autrefois
Je parlais au vent.
Tout bouge à l'envers
Dans mon univers
Il suffirait d'un rêve
Juste un rêve idiot
Parlant à demi-mot
De ma vie oubliée
Qui m'emporterait
Alizés perdus
Loin du dérisoire
Et du jamais plus.

Un jour quelque part
Refaisant l'espoir
Je refleurirai
Ma douce mémoire
Et je parlerai
Du vent qui soufflait
Au creux de ma vie.

## Le poète est amoureux

Le poète est amoureux
Et plein de problèmes
Il a un grand « je t'aime »
Qui lui barre les yeux
Et dans chaque poème
Il déclare sa peine.

Le poète est amoureux
Il sent son cœur s'éteindre
Et son envie d'écrire
Mourir à petit feu.

Le poète est amoureux
Et sur sa feuille blanche
Il ne voit que ses larmes.
Un jour dans son poème
Fleurira un « je t'aime »
Et tu ne sauras pas
Que pour ce poème-là
Le poète a failli mourir d'amour.
Tout au bout de ses doigts
Il écrit, écrit pour toi
Et ne peut rien de mieux.
Son génie l'abandonne

Il ne voit plus personne
Il a le cœur qui pleut.

Le poète est amoureux
Il se cache et se terre
Il se couche et s'enterre
Il est sans espérance
Plus rien ne le console
Pas même tes paroles
Car le poète est amoureux.

## Au creux du rivage

Quand le vent me brise le cœur
Comme les voiles d'un grand bateau
Qui se déchirent dans la tempête
Je n'entends plus rien
Que le bruit de la mer en colère
Qui vient se jeter sur les rochers
La passion au fond des vagues.
Et moi, le courant de mon âme
M'entraîne loin du rivage.
Soudain au milieu de l'océan
Le vent m'a séparé du temps
J'appartiens à un autre univers
J'ai quitté vos sourires amers
Pour la liberté d'un visage inconnu
Fruit d'une passion qui n'est pas défendue.
Mais le vent a soufflé sur mon cœur endurci
Il est allé ronger ce qui restait de moi.
La mer s'est allongée sur mon corps meurtri
Effaçant lentement la trace de mes pas.
Des pas que j'ai laissés sur la plage infinie
Tandis que je cherchais le grand vent de l'oubli.
Et j'ai marché longtemps, et j'ai couru toujours
Sans jamais trouver un seul signe d'amour.
Quand soudain le vent m'a murmuré un nom

Le temps s'est arrêté et la mer m'a souri.
L'écho me répétait la douce symphonie
Qui venait me bercer du fond de l'horizon.
Et j'ai ouvert les yeux, et j'ai vu ce visage
Ses yeux brillaient dans le reflet de l'eau
Ses cheveux mordorés semblaient comme un mirage
Rapporter d'un lointain, pour recouvrir ma peau,
Le souffle des marées abattues par l'orage.
L'aurore était légère et dans un frisson
Sa voix m'avait rejoint jusqu'au bout de mes rêves

## S'endormir à jamais

S'endormir dans la nuit
Et ne jamais s'éveiller
Perdre enfin sa vie
Pour une éternité.
Voilà ma vie ce soir est perdue à jamais
Je ne veux plus renaître dans ce monde en détresse
Je suis comme un oiseau déchiré et meurtri
Qui pleure de ses larmes sa trop grande tristesse

Je voudrais m'envoler dans un ciel infini
Échapper au destin d'une cruelle amertume
Emportant avec moi dans un voile de brume
Les feuilles de mon passé au rythme de la nuit.

Mourir dans un cri
Emporté par le vent
Comme une mélodie
Aux bornes du néant.

**Simple adieu**

Quand l'heure est venue de se dire adieu
Quand le soleil se couche sur l'horizon brumeux
Quand la mer vient le soir effacer les amours
Quand jamais plus on ne dira « pour toujours »

Je m'abandonnerai dans la nuit solitaire
Et j'irai me perdre dans l'infini du temps
Je n'aurai pas le courage
Et je m'endormirai au seul souffle du vent.

## Jugement

À mort, à mort, criait la foule
Pitié, pitié, criait l'enfant
Je suis innocent
Et la pluie tombait fine
Laissant par endroits de grosses flaques
Et les gens attendaient l'heure où la guillotine
Lâcherait son couperet. Triste soirée de Pâques

À mort, à mort, continuait la foule
Pitié, pitié, hurlait l'enfant
Je suis innocent.
Des lanternes éclairaient
Ce lieu surélevé
Où l'enfant se tenait
Seul et abandonné.
Les yeux perdus dans cette multitude
Cherchant un soutien,
Un homme dont l'attitude
Lui redonnerait l'espoir
De vivre encore un soir.

À mort, à mort, reprenait la foule
Il n'entendait que ça
Et aussi l'eau qui coule
Très bruyamment des toits

Et on lui reprochait
D'avoir un jour volé
Un petit bout de pain
Et deux grappes de raisin.
On réservait le sort
Pour toute sorte de voleurs
D'être condamné à mort.
Et le gosse avait peur
Pitié, pitié, sanglotait l'enfant
Une petite goutte d'eau
Dans un grand océan
Dont les vagues atteignaient
Le monticule où il se réfugiait
Et les vagues se mêlaient
À la pluie qui tombait.

Je suis innocent
Mais déjà le bourreau
Montait solennellement
Les marches de l'échafaud
Acclamé par la foule
Il alla se placer
Rajustant sa cagoule
À côté de l'enfant
De l'enfant sanglotant
De l'enfant innocent.
Il le fit s'allonger
Sur la planche de bois
La tête dépassait

De cet énorme engin
Destiné au gamin.
Et la foule hurlait
Il y eut un éclair
Puis un coup de tonnerre
Et la lame tomba
Et la lame frappa
Le cou du pauvre enfant
Le cou d'un pauvre enfant
D'un enfant innocent
D'un enfant qui n'est plus…
Et la foule se tut.

## Je sens au fond de moi

Quand de grands nuages tristes posent les yeux sur moi
Quand la pluie vient soudain me noyer le regard
Quand la nuit fuit le jour mais jamais par hasard
Quand le soleil s'éclate rouge et avide de joie
Et quand je me regarde assise sur le trottoir
Noyée dans une ville baignée de désespoir
Je sens au fond de moi une force incroyable
Une envie de glisser au seul désir du vent
Le long du temps qui meurt son sens irrémédiable
Une envie de rêver réalité comme un petit enfant
Renier chaque ville noire et chaque automne sanglant
Connaître enfin la vie froide et brûlante
Le ciel aux mille visages en fête à l'infini
Savoir pourquoi l'oiseau fait la course avec le feu
Pourquoi la sirène pleure ses longs cheveux de pluie
Buvant au fil des vagues des larmes de nacre bleue
Changer le décor des façades de prison
Ne pas compter les jours et dire qu'on est heureux
Ne pas aimer l'hiver qui pleure dans le béton
Oser marcher la nuit sans peur et sans frisson
Savoir apprendre les mots et vivre en liberté
Pour l'enfant qui naîtra dans un monde falsifié.

## Sans savoir où j'allais

Sans savoir où j'allais, je suis partie un jour
Rechercher dans la nuit le souffle d'une vie
J'ai marché dans le vent, j'ai parcouru le monde
Essayant d'échapper à l'écume profonde
Affrontant les orages et la colère des hommes.
Ces tempêtes infinies qui cognaient dans ma tête
J'ai compté les années à travers les automnes
J'ai cru entendre une voix à chaque jour de fête
Maintenant c'est l'hiver et la fin des saisons
Mon cœur est à l'abri de tout esprit sauvage
La mer s'est calmée dans le creux du rivage
Et le vent souffle encore au bout de l'horizon.
Chaque jour j'attends qu'une vie me revienne
Accrochant mon espoir à l'ombre de la vie.
J'espère en un sourire, une phrase lointaine
Afin que mon cœur échappe à cette nuit.
J'ai trouvé dans mes rêves la douleur dans mes yeux
J'ai parfumé la pluie pour embaumer mes pleurs
Effeuillant mon amour au rythme des saisons
Et noyé mes pensées au fil de la raison.
Chaque nuit j'ai rêvé d'une rivière de larmes
Qui allait se jeter dans le reflux des vagues
Que la mer vint cogner sur le triste rivage
En m'apportant lointain le trait d'un doux visage.
J'ai cueilli dans le ciel les étoiles de la vie

Pour couronner mon corps d'une infinie tendresse
J'ai fait de mon amour une douce symphonie
La neige de l'hiver a recouvert mon cœur
Dans cette étrange ville où je vis loin de tout
Ma vie est devenue un océan de pleurs
Où ma passion chavire et brûle encore en moi.

## La mer

Une vague chargée d'ivresse
S'épanche au creux de la plage
Respirant comme un enfant sage
Qui s'endort tout bercé de tendresse.
Elle respire lentement la mer
Et dépose les larmes de ses amants
Qui scintillent tout au bord de l'écume sévère
Comme les yeux de mille princes charmants.
De ses grands bras de vagues
Elle enserre des colliers de sirènes
Et comme une jalouse souveraine
Les entraîne au large et puis les largue.
Soudain elle penche la tête furieusement
Étale sa chevelure
Elle envoie ses tourbillons infâmes
Elle cogne l'eau aux montagnes
Le ciel et la terre, tout y passe
Couleur métal, vapeur glacée
Infini, clarté, obscurité
Oiseau de vie, cri de l'oiseau
Rames, épaves, naufrages
Noyé, ancien corsaire l'âme en peine
Sable, perles, coquilles, rochers
Elle frappe, hurle et se déchaîne
Puis dans un dernier souffle

Sur sa route, tout est arrêté
La houle se repose et se camoufle
Parmi les cadavres inventés
La mer reprise de passion
Sourit la vague à l'âme
S'allonge et puis s'étire
Se baignant dans le calme
Toute cruelle enveloppée de lumière
Elle respire lentement
Et s'endort dans un coin de la terre.

# Dessins

Je dessine la mer
Tu dessines un bateau
Ton bateau fend la mer
Et je pleurs

Je dessine le vent
Tu dessines un orage
L'orage pousse le vent
Et mon dessin meurt

Je dessine l'évasion
Tu dessines la vie
La vie met en prison
Mon évasion
Et mon dessin meurt

Je dessine une fleur
Tu dessines la pluie
La pluie tue ma fleur
Et je pleurs

Je dessine ma vie
Tu dessines la nuit
La nuit cache ma vie
Et je pleurs.

## Je t'ai rencontré par hasard

Je t'ai rencontré par hasard
Un jour ailleurs ou quelque part
On n'a pas beaucoup parlé
On n'avait rien à dire
Tout n'était que tendresse
J'avais posé ma tête sur ton épaule
Et j'écoutais ta vie
Je ne pouvais y croire
On était là, ensemble
Seuls tous les deux
Et c'était merveilleux
Tu m'as prise par la main
Et sans rien me dire
Tu m'as emportée loin
Accrochant un sourire
Au nuage de ta vie
Au fond de cette nuit.

# Amour infini

Amour infini
Je t'aime à jamais
Tu fais naître en mon cœur le plus beau des souvenirs
Je n'ai jamais aimé que dans la solitude de ma vie
Pour oublier mon chagrin.
Et toi simplement ce soir
Tu es venu me trouver
Et je t'ai suivi
Sans savoir ce que je faisais
J'ai emporté mon âme
J'ai brûlé tous mes pleurs
Et mes larmes versées
Dans l'amour de ta vie.
J'ai parcouru tes traces
Dans une nuit de rêves
Le froid venait glacer mon corps engourdi
Et ta main est venue déposer
Sa tendresse au parfum de mon cœur.
Je voyais dans tes yeux
L'immensité de ta passion
Tu souriais au vent
J'écoutais ton silence
Dans le bruit de la foule
Je ne voyais que toi

J'étais seule
Et ton cœur a compris ce grand vide
Où je n'en finissais pas de tomber.
Tu as brisé ma peine pour un simple moment
Et entraîné mon cœur aux sources du néant.

Ta voix arrive enfin
Du fond de l'air du temps
Depuis des siècles je l'attends
Et je t'aime.
L'eau claque sur le lac
De ta vie
Comme un enfant s'endort
Je t'ai chanté jusqu'au printemps
Et je t'aime.
Sur un matelas de galets
Je ne vois plus que toi
Dans le ciel de ma vie.
Tu as fait naître en moi
Bien plus qu'un paradis
Un monde de merveilles
Où chaque jour nouveau
Apporte son soleil.

***

Et j'ai vu la mort approcher mon visage
Et j'ai vu ton sourire perdu dans le lointain
Et j'ai senti tes lèvres se poser sur mon cœur
Et j'ai senti l'amour échapper au destin

**Ombre de mon cœur**

Ombre de mon cœur à la lueur du jour
Infini paysage que je rêve de découvrir
Impossible voyage de ton silence d'amour
Au creux de ton visage. Aimer ou bien mourir.

Ma bouche est une fleur que je t'offre
Tu l'orneras d'une goutte de rosée
Lorsque tes lèvres dans un baiser
Caresseront ses délicats pétales

Mon cœur est une épave brisée dans un naufrage
Toi seul avec tendresse peux en guérir les blessures
Rien qu'un mot d'amour, rien qu'un mirage
Rien qu'une étreinte et je serai comblée.

Tes mains sont des corbeilles de caresses
Elles m'apaisent, elles me blessent
Lorsque l'amour nous unit dans un cri
Jusqu'à notre dernier souffle de vie.

J'ai peur que tu ne m'aimes plus
Dans ce monde falsifié
J'ai peur de m'être perdue
Dans ton univers compliqué
Je voudrais m'accrocher à la vie
Pour aimer ton sourire.

\*\*\*

Sans un mot dans le silence de la nuit
Je restais là…
À penser à toi
Je voyais ton visage illuminer le ciel
Ta voix semblait venir d'un étrange lointain
Tu noyais tes cheveux aux couleurs du soleil.

# Comme le vent

Comme le vent dans un matin brumeux
Comme un soleil encore tout endormi
Comme les vagues au couchant de la mer
Comme le ciel retenant nos aveux

Comme une main posée sur le lointain
Comme un sourire effacé dans la nuit
Comme une larme au creux de l'infini
Comme tes yeux emportant mon chagrin

Comme la houle hurlante et démentielle
Comme un silence après une avalanche
Comme un écho revenu d'avant-hier
Tu étais là blotti entre mes bras.

Il faut aimer quand même
La pensée nostalgique
Des jours mélancoliques
Il faut chanter quand même
Quand le ciel est sinistre
Et qu'on a le cœur triste
Bien que l'on soit perdu
Il faut vivre quand même.

\*\*\*

Un sourire sur ton visage
Et mon cœur s'illumine
Les larmes de ton cœur
S'effacent avec le temps
Et l'amour renaît
Aux voiles du printemps

## Un jour tu sauras

Un jour tu sauras
Mais il sera trop tard
Ce jour tu seras là
Mais en retard
Et la pluie tombera fine sur la route
Que jamais plus tu ne prendras
Car il restera entre nous un doute
Qui ne s'estompera pas.
Aussi t'en iras-tu
Dans le sens opposé
D'où tu étais venu
Il te faudra chercher
Une autre route à prendre
Ou un train à attendre
Pour un autre chemin
Trop différent du mien
Ce jour ce sera bien
Ce jour sera le mien
Je serai libérée
D'un fardeau un peu lourd
Que je ne pouvais supporter
Ce fardeau
C'était l'amour.

## Dans les bois ou dans les champs

Dans les bois ou dans les champs
Comme le souffle du vent
Je respire ton parfum
Au petit matin

Le soleil se lève à peine
Et dans le pourpre du ciel
Je dessine ton visage
Et je t'aime

Les prés sentent la rosée
Les fleurs se réveillent doucement
Dans le silence si profond
Un oiseau chante
Il siffle ma chanson
Et je pense à toi

L'oiseau s'est arrêté
Plus près de moi, il vient se poser
Je n'ai plus de chagrin
Il me l'a consolé

Le soleil se lève à peine
Dans le pourpre du ciel
Je dessine ton visage
Et je t'aime

## Solitude

Parler dans l'infini
Incapable de changer son sort
Lutter contre les effets du dehors
Contre la lumière de la vie
Choisir un chemin des plus sombres
Vivre dans l'obscurité
Des cavités les plus profondes
Et s'écouter parler
Pour ne pas avoir peur
Pour ne pas désirer
Et sans tenter la mort
Vouloir la dompter
Vouloir faire disparaître
Ce qu'on aurait voulu connaître
Avec le corps, l'esprit et la parole
Se coucher sur le sol
S'enfouir dans les ténèbres
Savoir que si on s'isole
C'est à jamais pour un destin funèbre.

**Pour toi**

Chère petite molécule

De même que la terre est attirée par le soleil,
Je suis attiré par toi
Par un ardent rayon inversement proportionnel au carré de la distance qui nous sépare
C'est une permutation circulaire que mon cœur décrit autour de toi
Tout s'annule en toi sauf la racine de mon cœur
Je ne peux oublier le point d'où les rayons de tes yeux sont reportés sur le vecteur de mes pensées.
Je ne pense qu'à toi qui es le lieu géométrique de mes rêves,
Le sinus de mes songes,
La tangente de mes soupçons,
Le point de mes espoirs.
Il existe entre toi et moi un intervalle qui n'admet pas de racine carrée réelle et dont l'équation a pour inconnu l'infini.
J'abandonne le principe de Newton pour celui de Pascal
Où l'attraction se transforme en passion.
C'est une force à laquelle rien ne peut résister
Dont le point d'application est mon cœur,
Sa direction : toi

Et sa résultante : mon bonheur.
Pour toi mon cœur s'élance comme une hyperbole dans l'infini
Accepte ce baiser inoxydable dont l'intensité et la chaleur spécifique ont pour coefficient l'angle alpha de notre passion.

Ton atome

## La révolte du temps

La lune et ses rayons qui meurent au fil de l'eau
Déploie ses couleurs de quartz et de métaux
Le soleil malade monte à l'horizon
Une mine défaite sans joie et sans passion
Les branches d'un arbre mort effeuillent les nuages
Pour faire croire au vent qu'il n'était que mirage
La pluie s'éparpille sur le sable défait
L'été clame la mort dans l'ivresse
Et demande un oracle aux mythes des déesses
Choisissant ses abîmes le soir se déverse
Tout en délaissant l'aurore de la méditation
La montagne sonne.
Ses pas lourds et pesants
Appellent monotone
La révolte du temps.

## La rue

Guidée par cette rue
Qui n'en finissait plus
Je jetais un regard
Mais peut-être un peu tard
Vers ma vie inconnue
Souvenirs, lassitude, attente, espoir
Qui comme la mer s'éteignait pour un soir
J'aurais voulu m'abandonner
À ce flot monstrueux
Je voulais résister
Me laisser guider
Mais je ne savais plus
Dans cette rue
Qui n'en finissait plus.

## Un oiseau

On lui avait dit : « Ne pars pas !
Là-bas, tu ne retrouveras pas
Tout ce que tu as »
Mais l'oiseau a quitté les forêts
Il a volé jusqu'à la ville
Cet abîme qui le guettait
Maintenant, perché sur le fil
Il se morfond
Il se dit qu'il n'aurait pas dû croire aux illusions
Il voudrait repartir
Revoir le soleil
Respirer l'odeur du ciel
Et plus jamais se dire :
« Je ne suis pas en prison »
On le prendrait doucement
On lui crierait : « Va-t'en ! »
C'est alors qu'il pourrait sourire
Comme autrefois
Mais si parfois
Une larme seule peut s'échapper
Le reste est emprisonné
Les couleurs ont disparu pour l'éternité
Ces plumes grises sont abimées
Il ne sait même plus
Ce qu'il fait là

Il est perdu
Seul dans cet état
Bientôt, il sait, il va partir
C'est décidé
Mais il sait qu'il va mourir
Glacé dans l'hiver
Il va périr
Il regarde une dernière fois le soleil
Qui s'enfuit
Il pleure
Et puis il meurt.

# Beauté

Qui pourrait inventer
Un nom plus beau
Plus calme
Plus éclatant
Plus mouvementé

Beauté
Souvent j'emploie ton nom
Je travaille à ta renommée
Je ne suis pas le patron
Beauté
Je suis ton employé.

## Faut-il ?

Faut-il écrire que je t'aime
Quand j'ai envie de le crier ?
Faut-il risquer de tout perdre
Quand j'ai envie de te garder ?
Faut-il courir à la folie
Pour être sûr de l'atteindre ?
Faut-il aimer tous ces visages
Pour t'aimer un peu ?
Faut-il vivre les bras ouverts
Pour que tu viennes à ma rencontre ?
Faut-il être pauvre de cœur
Pour que tu viennes m'enrichir
Faut-il savoir s'arrêter
Pour reconnaître tes pas ?
Faut-il cesser les bavardages
Pour écouter ta parole ?
Faut-il mourir à la vie
Pour qu'enfin naisse la vie ?
Faut-il croire au mot Toujours
Pour que renaisse notre amour.

## Seule

Toi que j'ai rencontré
Dans un coin de campagne cet été
Je t'aime et tu ne le vois pas
Je t'aime en silence et tu ne le sais pas
À la lueur du clair de lune
Les oiseaux pleurent au crépuscule
Mais ce rêve n'est qu'une bulle
Air qui s'envole dans le lointain
Où plus rien n'existe, ni la peine
Ni la douleur ni le chagrin
Mais je sais que je t'aime.
Il pleut et je suis seule
J'écoute le vent chanter dans les arbres
Je cherche dans le ciel gris
Un coin de douceur, l'oubli
Un nuage d'amitié, un soleil caché
Un sourire perdu
Qui ne reviendra plus
Je suis seule
Le soleil envoie timide
Un rayon de sa lumière
Qui me fait oublier que je suis seule
Mais c'est déjà le soir
Il me reste un brin d'espoir
Dans un coin de la terre : te revoir
Et je ne suis plus tout à fait seule.

## Petite fille

Dis-moi, petite fille
Aimes-tu la vie ?
Aimes-tu ta vie ?
Ta vie de petite fille.
Oui, car quand je serai grande
Je serai comme maman : une dame
Dis-moi petite fille
Penses-tu à la vie ?
Penses-tu à ta vie ?
À ta vie de petite fille.
Oui, car quand je serai grande
Je serai comme maman : une femme
Dis-moi petite fille
Songes-tu à la mort ?
Songes-tu à ta mort ?
À ta mort de petite fille.
Oui, car quand je serai grande
Je ferai comme maman
Je m'en apercevrai
Et me tuerai avant.

## Dans ma tête

Et le vent souffle encore au creux de mon esprit
Comme il souffle en colère un grand jour de tempête
Éclairant mes songes d'un regard infini
Qui disparait lointain tout au fond de ma tête

Et il m'emporte au fil de son souffle éternel
Au plus profond de moi pour penser à la vie
Et suivre des chemins traversant l'irréel
Qui me transporteront aux sources de l'oubli

Et je m'imaginerai tout au long du temps
Des choses impossibles et pourtant merveilleuses
Que je vivrai pendant un simple et court instant
Éloignée de la vie si cruelle et trompeuse

Et je m'endormirai un matin de printemps
Le cœur vide et léger mais rempli de croyances
Je n'aurai dans la tête que le souffle du vent
Qui viendra envoler mes folles espérances.

## Quand vient tout doucement

Quand vient tout doucement cette nuit qui me tue
Quand ton corps se retire comme une vague perdue
Quand le sommeil m'emporte tel un voile de brume
Quand le temps nous sépare à grands coups d'amertume
Je me retrouve seule au creux du matin gris
Je me retrouve seule puisque tu es parti
La pluie va se jeter sur le monde abattu
Le vent va se cogner aux fenêtres perdues
Et moi je rêve au ciel allumant des étoiles
Cueillant du bout des doigts chacun de leurs pétales
Je dessine des nuages brillants comme tes yeux
Ces grands traits d'étincelles sur l'horizon brumeux
La mer brillante et calme ruisselle sur ta peau
Quand la plage fait l'amour avec le sable chaud
Les falaises s'élancent meurtries par le soleil
Une douce caresse comme un rayon de miel
Tremble dans mes cheveux bercés par ton chagrin
Tu t'éloignes dans la nuit d'un brouillard insensé
Fuyant vers l'infini au gré de tes pensées
Je me retrouve seule avec l'obscurité
Je me retourne alors pour fuir vers mon passé
Quand tu ouvres la porte et viens me retrouver
Les larmes roulent en perles sur mon corps endormi
Ta main s'approche enfin, mon voyage est fini
Je crie ton nom, ta vie pour que tu m'aimes encore.

## Mon amour s'est envolé

Mon amour s'est envolé
Comme un oiseau
Je l'ai perdu, il s'est brisé
Comme un roseau
Que son jardinier n'a pas soigné assez tôt

Il est entré dans ma vie
En coup de vent
Il a tourné, il est parti
Comme l'ouragan
Il a tout détruit au fond de mon cœur

Aujourd'hui
Il a disparu dans la nuit de l'océan
Mais son souvenir me restera
Toujours présent

Mon amour s'est envolé
Un beau matin
Il s'est enfui
Me laissant seule
Avec le vent
Le vent qui me souffle
Le parfum bleu de la mer

Mon amour s'est effacé
Un lendemain
Je l'ai perdu, il s'est fané
Comme du jasmin
Moi pauvre jardinier
Je viens de perdre mon jardin.

## Je t'aime dans la nuit

Je t'aime dans la nuit
Ou bien je pleurs
Et dans mon cœur
Le goût de l'infini
Devient bonheur

Je t'aime solitaire
Ombre de ma vie
Et le vent sur la terre,
Larmes de mes soucis,
Flotte dans mes chimères

Je t'aime sous la pluie
Obscurité du temps
Et le ciel meurtri
Laissera le néant
Se perdre dans mes cris

Je t'aime sur la mer
Oracle imaginaire
Et dans l'amour d'un cœur
Lumière éphémère
S'éveillera une fleur

Je t'aime simplement
Offrant mes sourires
Étoile d'un printemps
Lenteur des souvenirs
Effacés par le temps

Je t'aime au fil des jours
Oiseau de mon passé
Espoir de mon amour
Liberté d'un été
Je t'aimerai toujours.

## Jamais Toujours

Jamais
On ne trouvera plus beau prénom pour un si beau corps
Jamais
Une belle fleur ne parfumera plus que toi
Jamais
Tu ne faneras dans ce triste décor
Jamais
On ne verra plus merveilleux que toi


Toujours
Tu brilleras comme un soleil ardent
Toujours
Tu garderas ton sourire éclatant
Toujours
Tu resteras jusque dans l'infini
Toujours
Je t'aimerai au plus loin de ma vie.

**Ta mort**

La mort est un objet qu'on emporte un matin
Qui vient conduire la vie à la fin du voyage
Qui nous prend en silence un coin de paysage
L'amour et le soleil ensemble disparaissent
Et fondent au néant dans l'infini du temps
Le vent sur ton visage vient comme une caresse
Poser un dernier souffle dans l'ombre du printemps
Tu t'endors lentement allongé dans les herbes
Et tu rêves à ce monde qui prend soudain ta vie
Tes cheveux mordorés qui semblent au loin se perdre
Forment un voile de velours sur ton visage meurtri
Ton cœur blessé s'efface aux sources de la nuit
Quand le ciel encore pourpre vient étendre ton corps
Sur le parfum humide des étoiles de la pluie
L'immensité du vide entraîne ton image
Au plus loin du connu sur un tissu de brume
Que forme dans le ciel l'invisible nuage
De ta vie à jamais dissipée par l'écume.

## Ma solitude

Moi, je n'ai plus rien à te donner
Mon cœur est une ville abandonnée
Mes yeux sont secs d'avoir trop pleuré
Laisse-moi. Tu ne peux plus m'aider
Un désert ne donne rien
Que des pierres et du chagrin
La solitude est un grand pays
J'y vivrai le reste de ma vie
Et quand la neige de cet hiver
Recouvrira le reste de ma vie
Je m'enfermerai dans mon chagrin
Ton image me poursuit
Au bout des jours, au bout des nuits
La solitude est un grand pays
J'y vivrai le reste de ma vie
Va-t'en sans te retourner
Toute ma vie n'est que passé
L'arbre mort ne donne rien
Que son ombre et du chagrin.

## Mer cruelle et sauvage

Dans le silence de la nuit
Je te retrouve enfin
Amoureuse au matin
De mes rêves infinis
Pourquoi faut-il que tu sois loin
Pourquoi faut-il un lourd chagrin
Quand je te désire
Pourquoi n'es-tu pas là
Quand j'ai besoin de toi
Impossible amour que je rêve chaque soir
Quand je vois s'envoler mon dernier espoir
Fleur de ma vie. Parfum de mes sourires
Tu fais naître en mon cœur le fruit de ma passion
Mer cruelle et sauvage qui m'emporte pour mourir
Aux lointains des rivages de mes beaux souvenirs.

## À cause de la vie

Il s'est donné la mort
Sans rien dire à personne
Sans même me dire adieu
Il est mort cette nuit
À l'ombre du silence
Et personne n'a rien su
Il est mort à cause de la vie
La vie trop cruelle que l'on mène
La vie l'a tué
À force de le faire souffrir
Cette nuit
Personne n'a rien pu dire
Même moi…
Il s'est donné la mort
Pour échapper au monde
Qui lui faisait si mal
La vie l'a tué
À force de lui mentir
La vie lui promettait…
Mais la vie n'a rien fait
Que le laisser mourir
La vie inhumaine et sauvage
La vie elle-même
La vie l'a détruit

À force de pourquoi
À force de toujours
Il est mort cette nuit
Il est mort pour oublier
Oublier qu'il vivait
Dans ce monde pourri
Ce monde que je hais
Puisqu'il a fait mourir
L'ami qui me restait
Il est mort cette nuit
Sans rien dire à personne
Sans même me dire adieu
Il est mort pour toujours
Je ne veux pas y croire
Dites-moi que ce n'est pas vrai
Qu'il est parti pour un très long voyage
Mais qu'il reviendra…
Ne me dites surtout pas ce qui est arrivé
Je m'en irais le rejoindre
À l'ombre de nos vies
Pour une éternité
À l'ombre du silence de la mort.

# L'absence

L'absence
D'un amour
L'absence de ton amour
L'absence est la même
Quand on a dit je t'aime
Un jour…
Le silence est le même

C'est une nuit qui tombe
C'est une déchirure
J'entends un bruit de pas
C'est l'absence… la voilà…

Nous deux
C'était merveilleux
Ton cœur et le mien
C'était un grand feu
C'était une flamme
Jusqu'au fond de notre âme
Jusqu'au fond des cieux.

## Ta voix me suffit

Ta voix me suffit
Pour me faire sourire
Mais ton absence est là
Pour me faire mourir
Tu m'as fait oublier
Mes regards du passé
Mais mon espoir s'est effacé
Avec la nuit tombée
Dans le silence infernal
De cette vie sordide
Mon cœur me fait mal
Et saigne de tout son sang
Je suis seule avec le vent
De notre amour profond
L'ombre de habitudes
L'ombre de la solitude.

# Pour me faire aimer la vie

Tes yeux pour imaginer la mer
Tes cheveux pour y voir les vagues
Ta voix pour entendre les flots
Ton corps pour mourir sur le sable
Et toi pour me faire aimer la vie

Tes mains pour caresser l'horizon
Ton sourire pour illuminer le rivage
Ton nom pour bercer ma passion
Tes lèvres pour inonder la plage
Et toi pour me faire aimer la vie

Le vent pour m'apprendre à écouter
Ton cœur battre au rythme des marées
Le ciel pour immortaliser ton visage
Tes bras pour finir mon voyage
Et toi pour me faire aimer la vie

Les vagues dans tes cheveux mordorés
Le goût salé de la mer sur tes lèvres
Le sable sur ton corps pour parfumer mes rêves
Et le vent pour souffler mon amour d'un été
Et toi pour me faire aimer la vie

L'horizon dans tes yeux pour goûter l'infini
L'écume sauvage dans ton cœur passionné
C'est ta vie tout entière qui la nuit
M'appelle au large pour suivre tes pensées
Et toi pour me faire aimer la vie

Ta main dessine sur ma peau le fleuve de notre vie
Tes larmes comme la pluie ruissellent sur mes joues
Le bonheur à jamais nous a réunis
Et toi pour me faire aimer la vie

Certains soirs dans le silence de la nuit
Je fermerai les yeux et j'y verrai la mer
Me couvrir de larmes de pastels d'argent
J'entendrai ta voix au seul souffle du temps
Et toi seul pour me faire aimer la vie.

## Quand je ferme les yeux

Quand je ferme les yeux et que je vois la mer
De grands bateaux appareillent à jamais
Ils s'en vont découvrir paradis ou enfer
Traversant l'océan de leur âme solitaire
J'aimerais être à bord d'un superbe voilier
Hisser le pavillon de l'aventure
Larguer les amarres vers la liberté
Respirer la mer du parfum le plus pur
Écouter le vent claquer dans les voiles
Monter à l'artimon et plonger de là-haut
Plonger dans le vide de ma vie
Dans la vie insensée et son odeur cruelle
Rechercher au plus loin le meilleur de moi-même
Et refaire surface libre comme l'air
Vidée de toutes ces servitudes

Quand je ferme les yeux et que je vois la mer
Je m'aperçois alors que je ne suis plus sur terre
Perdue dans cette ville où tout est interdit
Où la passion est synonyme de folie
Où l'amour de la vie est pire que la mort
Pourquoi est-ce donc interdit de rêver
Dans la nuit qui m'entoure je ne peux imaginer
Autre chose que la mer et ses flots

Que les vagues et la houle déferler sur le sable
Inondant le rivage d'une infinie beauté

Quand je ferme les yeux et que je vois la mer
Immensément calme ou grondant de colère
Je vois la liberté sourire et m'entraîner
Au hasard de ses vagues pour une éternité.

## Deux jours pour une vie

Aujourd'hui je suis seule
Il ne reste jamais rien de ceux qui n'ont pas aimé
Mais personne ne m'en a jamais donné le temps
Deux jours, 48 heures, 2880 minutes
Ça représente quoi sur une vie entière
Deux jours gagnés sur la grisaille quotidienne
Cette grisaille de ma vie
Le sais-tu d'où tu es
Que tu es resté dans mes pensées
Je reprends ta photo
Et pense à mon bonheur perdu
Mais il n'est pas perdu
Il n'a jamais existé
C'est là qu'est l'horreur de ma vie.

## Un cœur qui bat

Il existe quelque part
Un cœur qui bat
Je ne le savais pas
Un cœur qui bat
Dans un corps qui attend
Qui peut-être m'attend
Et je ne le sais pas
Je ne savais pas
Qu'il puisse battre pour moi
Moi qui n'étais plus rien
Moi qui ne suis plus rien
J'ai découvert un cœur
Un cœur abandonné
Qui ne demandait qu'à aimer
Peut-être me suis-je trompée
Ne bat-il pas pour moi
Mais je ne le sais pas.

## Au bord de la route

Au bord de la route
Un tronc d'arbre coupé
Et le silence si présent
Je me suis assise et j'ai regardé
La nuit était tranquille et tout semblait mourir
J'avais envie de vivre et ne plus repartir
La lune ronde remplie de ses croissants
Régnait silencieusement
Sur cette nuit
Dans le ciel d'un bleu si profond
Les montagnes au loin
S'y perdaient sans raison.

## Ne t'en fais pas

Ne t'en fais pas petit bonhomme
C'est la vie, toi aussi tu verras
Ne t'en fais pas petit bonhomme
Un jour tu comprendras

En attendant dessine tes rêves
Repeins la vie de toutes les couleurs
Mets du soleil sur les jours sans saveur
Et des sourires pour adoucir tes pleurs

Et si le soir la peur ou le froid
Te font trembler parfois
Viens tout simplement
Te blottir dans mes bras

Ne t'en fais pas petit bonhomme
C'est la vie, toi aussi tu verras
Ne t'en fais pas petit bonhomme
Un jour tu comprendras.

## Laisse-moi essayer

Tu me dis que l'amour n'est qu'un mensonge
Et qu'il finit toujours par un adieu
Il t'a blessé, il t'a fait pleurer
Alors je te réponds
Laisse-moi essayer

De poser mes mains sur ton cœur
Et voir si elles peuvent guérir
Les cicatrices de ta solitude
Que tu ne peux faire disparaître
J'essuierai les larmes si tristes
Qui coulent de tes yeux
Mon amour pourra guérir
La douleur que tu ressens

Tu sais comment toujours il finit
Tu te réveilles seule encore une fois
Mais l'amour ne dira jamais adieu
Si tu me laisses essayer

De poser mes mains sur ton cœur
Et prier pour qu'elles guérissent
Les secrets de ta solitude
Que tu ne peux faire disparaître
Laisse-moi juste essayer.

## Mon amour infini

Quand tu vois une étoile filante dans la nuit
Quand tu entends le vent murmurer
À travers les pins
C'est mon amour infini pour toi

C'est une promesse dans le ciel
Qui durera bien après nous
Et pour toujours à très côtés
Mon amour infini

Si tu entends crier ton nom
Si tu ressens ce sentiment
Que tu ne peux expliquer
Ce n'est que moi
Et mon amour infini

C'est une promesse dans le ciel
Qui durera bien après nous
Et pour toujours à tes côtés
Mon amour infini.

## Les bons moments

Ne sois pas triste
Je sais que c'est fini entre nous
Mais la vie continue
Et le monde tourne encore
Rappelle-toi seulement
Les moments heureux
Que nous avons partagés

Pose ta tête sur mon épaule
Approche ton corps contre le mien
Écoute la plainte de l'averse
Qui cogne contre la fenêtre
Et laisse-moi croire encore une fois
À notre amour des bons moments

Je sais que tu aimeras quelqu'un d'autre
Mais je serai toujours là
Si tu as besoin de moi
Ne dis plus rien
Ne parle pas de demain
Le temps est suffisamment triste
Puisque ce matin tu me quittes.

**Nous serons un**

Chaque murmure
Chaque son
Me réconforte
Peu m'importe d'où il vient
Mon cœur est rempli
D'une douce rêverie
Donne-moi une raison
Une seule raison de croire
Que demain qui commence
Jamais ne s'enfuira
Et lentement
Nous serons un

Aime la façon dont nous sommes différents
La façon dont nous sommes les mêmes
Notre amour l'un pour l'autre
Est un abri sous la pluie
C'est merveilleux
Ce que je vois dans tes yeux
Je serai ton amour
Pour être à tes côtés toujours
Et demain qui commence
Jamais ne finira
Et lentement
Nous serons un.

## Je te donne ma parole

Notre amour est inconditionnel
Je le sais depuis le début
Je peux le voir dans tes yeux
Tu peux le sentir dans mon cœur

Je te donne ma parole
Et je te promets
De te donner tout ce que je peux donner
Pour que tes rêves deviennent réalité

Dans le monde entier
Tu ne trouveras jamais
Un amour aussi vrai que le mien

Tu seras toujours la merveille
Qui enchante ma vie
Aussi longtemps qu'il restera un souffle en moi
Je ferai que le tien soit aussi doux
Si je regarde vers l'avenir
Et aussi loin que je peux voir
Je veux faire que chaque demain
Soit pour toi le meilleur

Et si le long de la route
On croise une tempête
Je te donne la promesse
Que mon amour te protègera.

## Vivre sans toi

Tu aurais pu me donner un million de raisons
Cela n'aurait rien changé
Tu as tout dit quand tu m'as dit adieu

J'ai essayé de t'oublier
J'ai essayé de vivre sans toi
J'ai essayé de t'oublier
Mais il me faudrait mourir pour y arriver

Mes amis m'encouragent à continuer
Ils me disent que j'ai besoin de quelqu'un
Mais j'ai tout abandonné
Puisque la vie ne veut rien dire sans toi.

## Pourquoi a-t-il fallu…

Pourquoi a-t-il fallu que ce soir
Ton regard se pose sur le mien
Pourquoi a-t-il fallu que ta vie
Rencontre la mienne
Moi qui ne suis que petite fille
Qui ne sais que rêver
Et vivre dans l'irréel
Pourquoi a-t-il fallu qu'un jour
Tu mettes mes rêves en prison
Moi qui passe ma vie dans l'évasion
Qui pleure de mes larmes
Tous les sourires perdus
Je me fabrique un monde
Tout peuplé d'illusions
Je fais de mes regards un univers imaginaire
J'invente une vie où tout n'est que passion
Où le vent caresse de son souffle la mer
Où inlassablement mes rêves infinis
S'envolent au néant de mon âme solitaire
Pour fleurir sur la terre en une autre saison
Pourquoi a-t-il fallu qu'une nuit
Tu effaces les pas que j'avais tracés sur la plage
Pourquoi a-t-il fallu qu'en un court instant
Tu détruises mes heures passées sur le sable
Isolée de tout face à l'immensité

La mer qui de ses vagues venait inonder
Mes songes vécus dans l'irréel
Pourquoi a-t-il fallu que ta tête
Repose sur mon épaule
Quand j'ai voulu la mort
Je n'étais qu'une enfant
Perdue dans le brouillard
Dans ce monde où tout se bouscule
J'ai entendu ta voix résonner dans mon cœur
Et sortir ma solitude de ce grand espace
J'ai toujours vécu comme un nuage d'air
Mon temps de vie passé sous la pluie
Dans mon cœur de poussière
Par ton simple sourire j'ai retrouvé la vie
Pourquoi a-t-il fallu que je t'appartienne
À jamais. Pour toujours. Je ne sais plus
Mais je sais que ta main s'est posée dans la mienne
Pour affronter ce peuple d'inconnus.

## Juste comme un enfant

Je voudrais te dire
Combien ce simple sourire
A réchauffé mon cœur
Juste comme un enfant
Je voudrais te parler
Te raconter ma vie
Les rêves de mes nuits
Comme un oiseau s'envole
Sur le bord d'un rocher
Devant la mer déchaînée
Il ne sait plus voler
Juste comme un enfant
Je voudrais te conter
La folie de mes passions
Que le monde met en prison
Je voudrais m'accrocher
Au rythme de ta voix
La caresse du vent
Vient frôler ton visage
Et tu ris doucement
Tout comme un enfant sage
Je voudrais te couvrir
Des fleurs de la terre
Effeuiller tes sourires
Au souffle de la mer

Je voudrais dessiner
Les traits de ton visage
Sur une feuille de papier
Comme une belle image
Je voudrais te chanter
Le soleil dans tes yeux
Aux couleurs de l'automne
Je voudrais respirer
Le parfum de ta tendresse
Écouter résonner
Les pleurs de ta tristesse
J'irai te consoler
Cette trop grande peine
Je ferai de ta vie
Un immense océan
Mon plus beau paradis
Le royaume du vent
Juste comme un enfant
Je voudrais t'aimer
Mais dans ce monde si grand
Je ne sais que rêver
Je le sais et pourtant
Moi je voudrais t'aimer
Juste comme un enfant.

**Réflexions**

Pourquoi toujours obéir à leurs lois
Pourquoi toujours écouter leur morale
Pourquoi se soumettre à leur vie sordide
Pourquoi s'enfermer dans ce monde
Ce monde inhumain dans lequel ils croient vivre
Pourquoi toujours obéir à leurs devoirs
Ils ont détruit ma vie à force de donner des ordres
Ils m'ont contrainte à me plier à leur intelligence
Une force qui me pousse à n'être plus moi-même
Je ne suis dans la vie qu'un être sans valeur
Car je vis d'une façon mais qui n'est pas la leur
Je passe mes jours dans les rêves de ma vie
Une vie d'illusions mais que je réalise
Depuis longtemps déjà j'ai refusé la vie
Votre vie celle que vous m'offrez
Celle que vous m'inculquez
Je me suis inventé la mienne
Et m'y suis réfugiée
Bref en un mot je me suis révoltée
J'ai perdu la bataille pour un monde de fous
Mais vous perdrez la guerre
Vous ne tiendrez pas le coup
Pourquoi toujours poursuivre vos idées
Pourquoi toujours apprendre vos paroles maléfiques

Pourquoi m'obliger à suivre vos préjugés
Pourquoi m'imposer des jours sophistiqués
Je veux pouvoir échapper
À cette existence falsifiée
Je veux m'envoler dans un ciel sans nuage
Connaître les vraies joies et la fidélité
Et pour ça je m'en vais
Je m'offre un long voyage
J'abandonne vos principes
Pour m'offrir à ma seule passion
Celle de croire qu'il existe une bonne raison
Pour toujours sourire aux amis que l'on aime
Et faire une société immensément plus belle.

## Un enfant

Un enfant
C'est une fleur qui s'épanouit
Dans ta vie
Un rayon de soleil un jour de pluie
Un éclat de lumière au bout de l'infini
Un enfant
C'est un phare qui te conduit
Sur le chemin des souvenirs
Quand il pleut dans ton cœur
Quand ton âme est en peine
Un enfant
C'est un sourire un matin de printemps
C'est le bonheur au fond de ton cœur
Afin que chaque jour
Ressemble au mot Amour
Où des milliers d'étoiles scintillent sur ta vie.

## Le papillon bleu

Vole joli papillon
Vole papillon bleu
Va rejoindre le ciel
Emporte sur tes ailes
La douceur du printemps
Et la caresse du vent
Vole joli papillon
Vole papillon bleu
Viens adoucir mes rêves
Et mes chagrins d'enfant
Vole jusqu'à l'infini
Pour veiller sur mes nuits.

## Plus qu'un chagrin d'amour

Ce n'est pas un chagrin d'amour
C'est bien plus qu'un chagrin d'amour
Ce n'est pas grave un chagrin d'amour
C'est la fin d'un jour
Un jour sans lendemain
Puisque tu as quitté ce monde
Puisque tu n'es plus
Les jardins, la montagne
La mer, les étoiles
La pluie, le brouillard, le soleil
Les enfants, les sourires
Les couleurs et les pleurs
Pourtant tout faisait vivre ton cœur
Ton cœur était trop fragile
Cette nuit il a trop pleuré
C'est la fin d'un jour
Un jour sans lendemain
Tu n'es plus là jamais
Pour rire et me parler
Pour m'emporter au loin
Dans les rêves infinis
Que nous faisions ensemble
Tu n'es plus là pour me dire tes secrets
Tes éclats de colère qui me faisaient peur
Tes excès d'amour me couvraient de bonheur
Tu ne diras plus ces mots si merveilleux

Que ta voix me confiait d'une infinie tendresse
Le vent ne soufflera plus dans tes cheveux
Tu es parti me laissant tes promesses
À l'ombre de tes yeux
C'est la fin d'un jour
Un jour sans lendemain
Où ton cœur s'est perdu dans le dédale du temps
Pour qu'un soir ma vie vienne emporte mes rêves
Et disparaître dans le néant
Tu es parti vers ce pays lointain
Que ton corps racontait les soirs de solitude
Quand ta main sur ma peau inventait un dessin
Que tu ornais de fleurs et couvrais de quiétude
Aujourd'hui tu n'es plus là
Mais mes pensées sont à toi
Dans la nuit qui emporte ton image
Je regarde le ciel s'étendre à l'infini
Sous la pluie qui ruisselle mon visage
Il me reste le souvenir de ta vie
Je ne pourrai plus te parler
Tu ne pourras plus m'écouter
Mais tu resteras pour toujours
Dans mon cœur la fleur de mon amour.

## Un an

Un an
C'était hier
Un an d'absence
Un an de silence
Un an sans ta voix
Un an sans toi
Un an sans ton visage
Un an sans ton sourire
Je respirais grâce à toi
Je vivais près de toi
Et je t'ai perdu
Ma vie s'est écroulée
Avec toi
Chaque heure chaque instant
Tu es là dans mon cœur
À mes côtés
Je n'ai qu'une envie : te rejoindre
Pour de nouveau te serrer dans mes bras
Je sais que ce jour viendra
Et seulement ce jour-là
Je m'endormirai
Et trouverai la paix.

**Deux ans**

Deux ans
Une éternité… et c'était hier
Et cette absence profonde qui me tue peu à peu
Deux ans
Sans entendre ta voix et tes éclats de rire
Sans ton regard au petit matin
Deux ans
Que ma vie a disparu avec la tienne
Je ne suis plus qu'un fantôme qui erre dans l'espace
Seulement l'ombre de moi-même
Sans toi je ne suis plus rien
Sans toi je n'existe plus
Et chaque jour est un jour de pluie.

# Le phare

Tout au bout de l'horizon
Comme déposé sur la mer
Par la main délicate d'un dieu
Flottant sur les eaux de la mer assoupie
Je respire son parfum.
Quand la marée se découvre
Elle dévoile lentement
Les centaines de rochers
Qui l'entourent
Bien ancrés au plus profond pour le protéger.
Alors la côte devient sauvage
Inaccessible mais si pure et si belle
Elle apparaît puissante
Solide sur le rocher qui l'étreint.
Le phare résiste aux assauts
Des forces du vent qui se lève
Et du soir qui descend.
Tout au bout de la nuit
Sa lumière me guide
Fier et imposant
Le phare de pierre domine l'océan
De ses rayons puissants
Qui transpercent la nuit
Il guide les marins dans le silence profond
Et j'entends le souffle des vagues.

© 2025, Fabienne JEANNE

Édition : BoD · Books on Demand,
31 avenue Saint-Rémy, 57600 Forbach,
bod@bod.fr

Impression : Libri Plureos GmbH,
Friedensallee 273, 22763 Hamburg
(Allemagne)

ISBN : 978-2-3225-7053-9
Dépôt légal : Mars 2025